This Cursive handwriting workbook contains

* Trace and practice letters A-Z and a-z
* Trace and practice numbers
* Trace and practice words
* Trace and practice small sentences
* Trace and practice Quotes
* Trace and practice Drawing and coloring on dashed images

Kids can use pencil, light color marker, or highlighter
to trace the dotted letter, images, numbers and more

This book Belongs to :

a a
A a
A is for Apple

a

a a a a a a
a a a a a a
a a a a a a
a a a a a a
a a a a a a
a a a a a a

B b

B b

B is for Banana

B B B B B

B B B B B

B B B B B

B B B B B

B B B B B

B B B B B

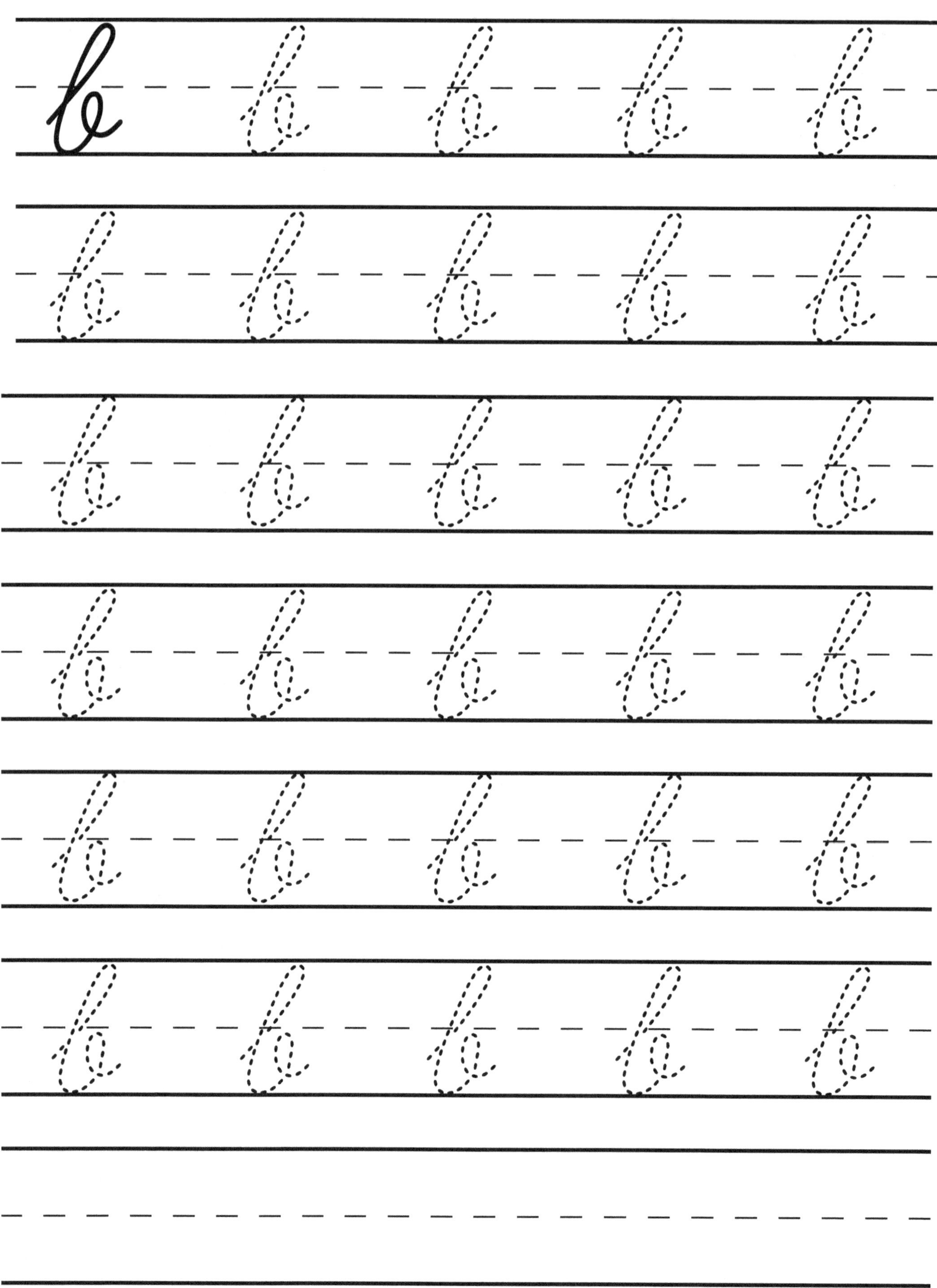

C c
C
C c
C is for Cat

c c c c c

c c c c c

c c c c c

c c c c c

c c c c c

c c c c c

C

D d
D d
D is for Dinosaur

D

d

E e
E e
E is for Elephant

E

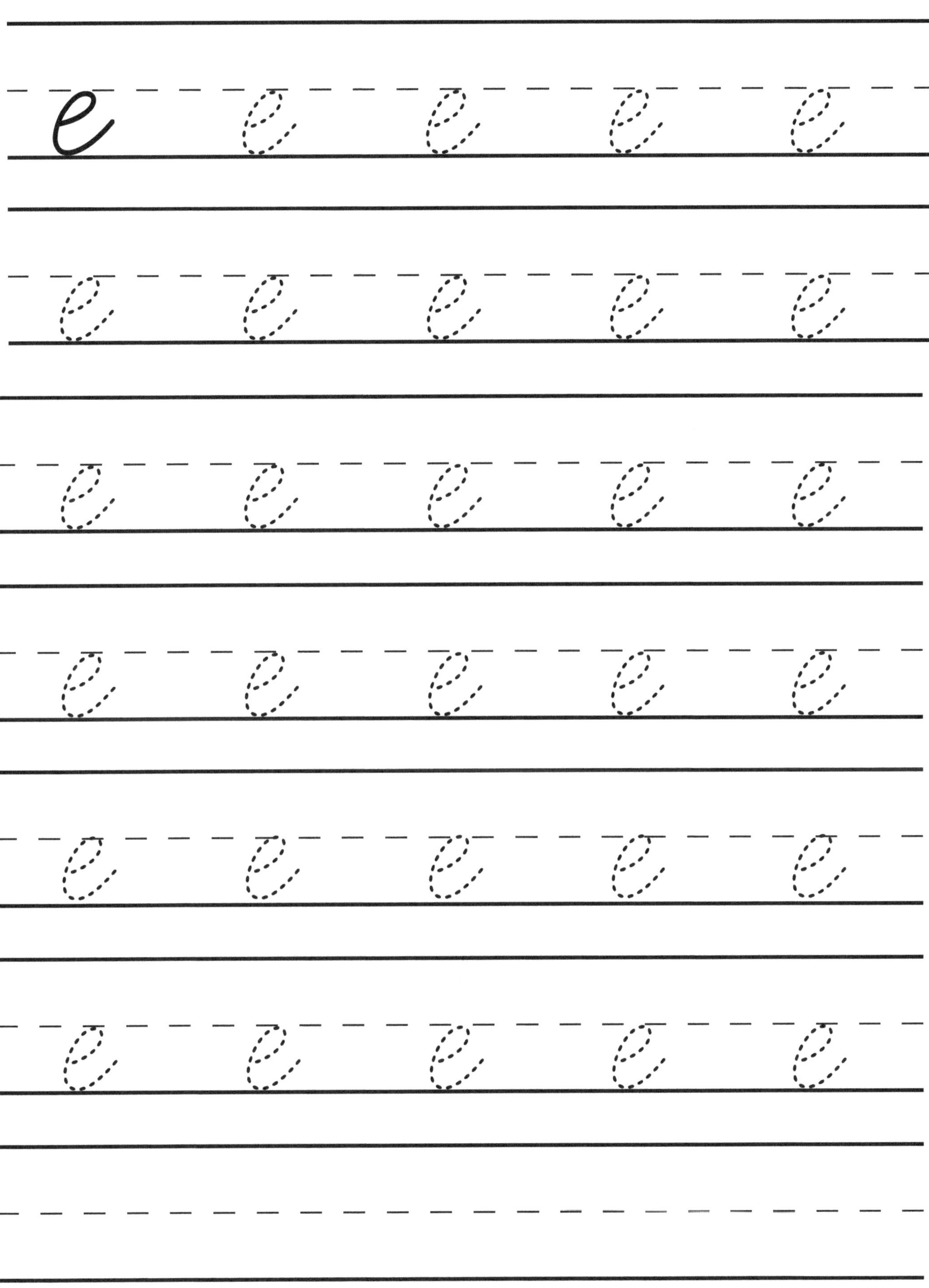

F is for Fish

F F F F F

F F F F F

F F F F F

F F F F F

F F F F F

F F F F F

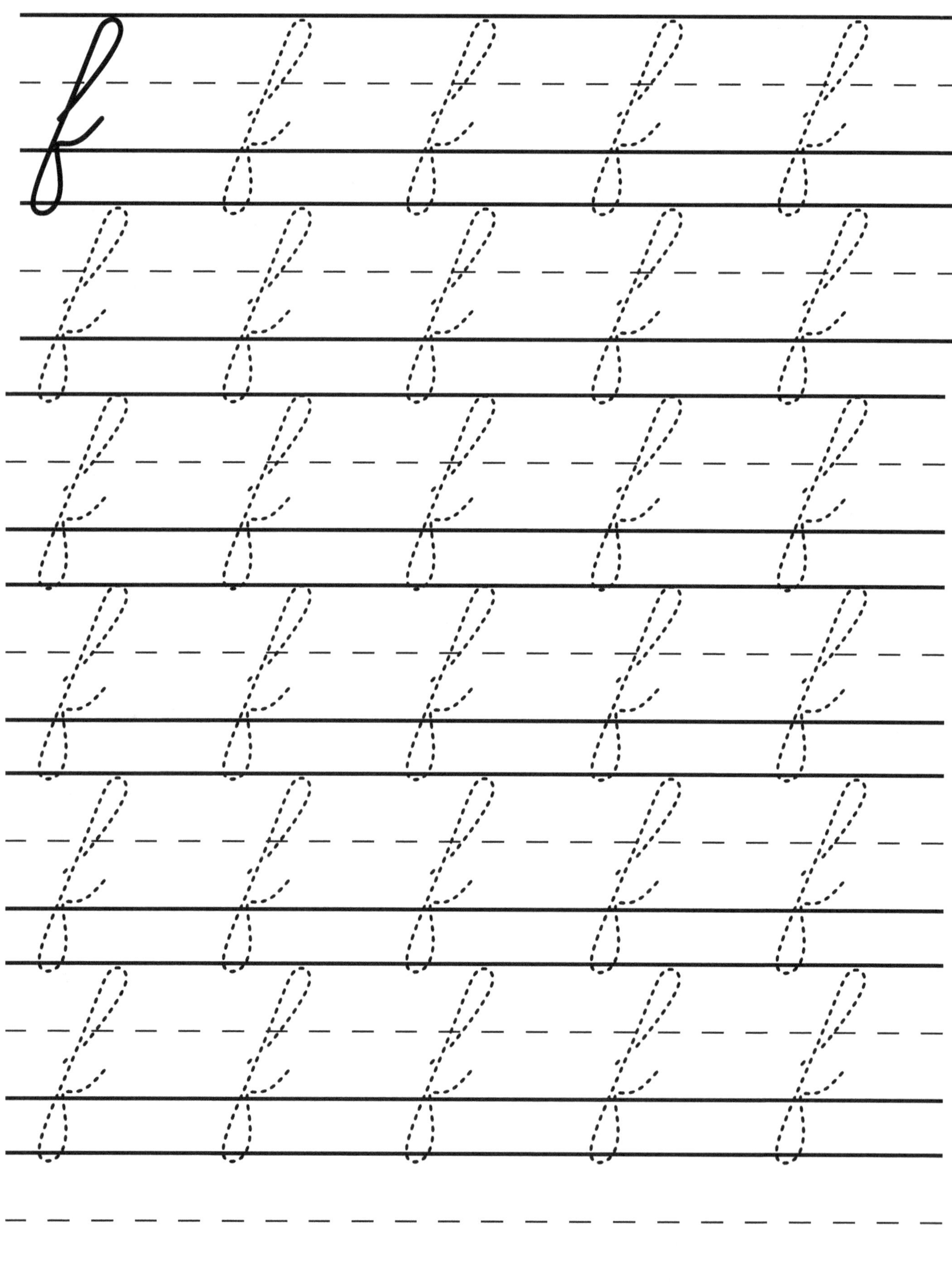

G is for Giraffe

Q

g

_H h_

_H h_

H is for House

h

I i
I is for Ice Cream

l l l l l

l l l l l

l l l l l

l l l l l

l l l l l

l l l l l

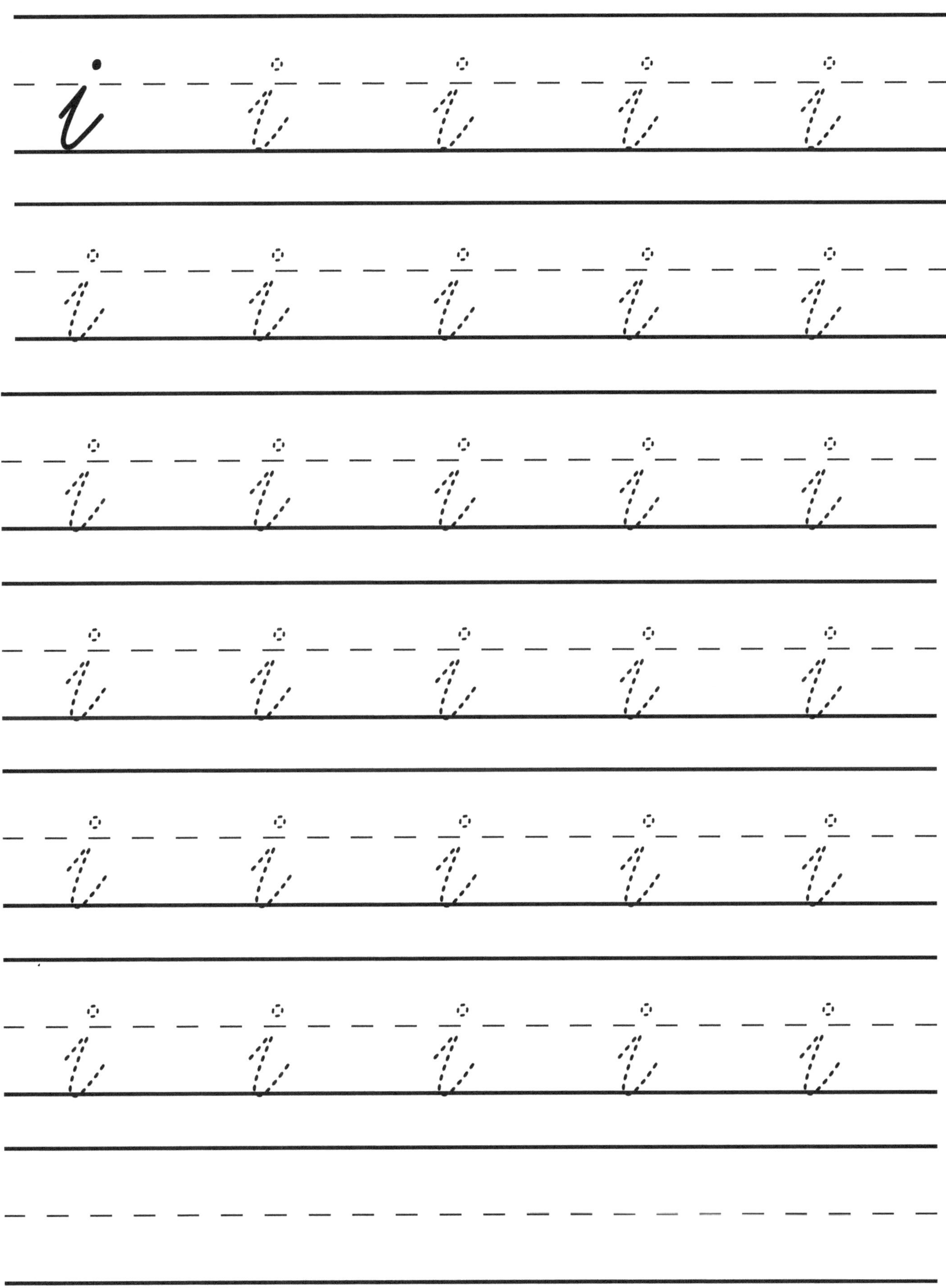

J j
J j
J is for Juice

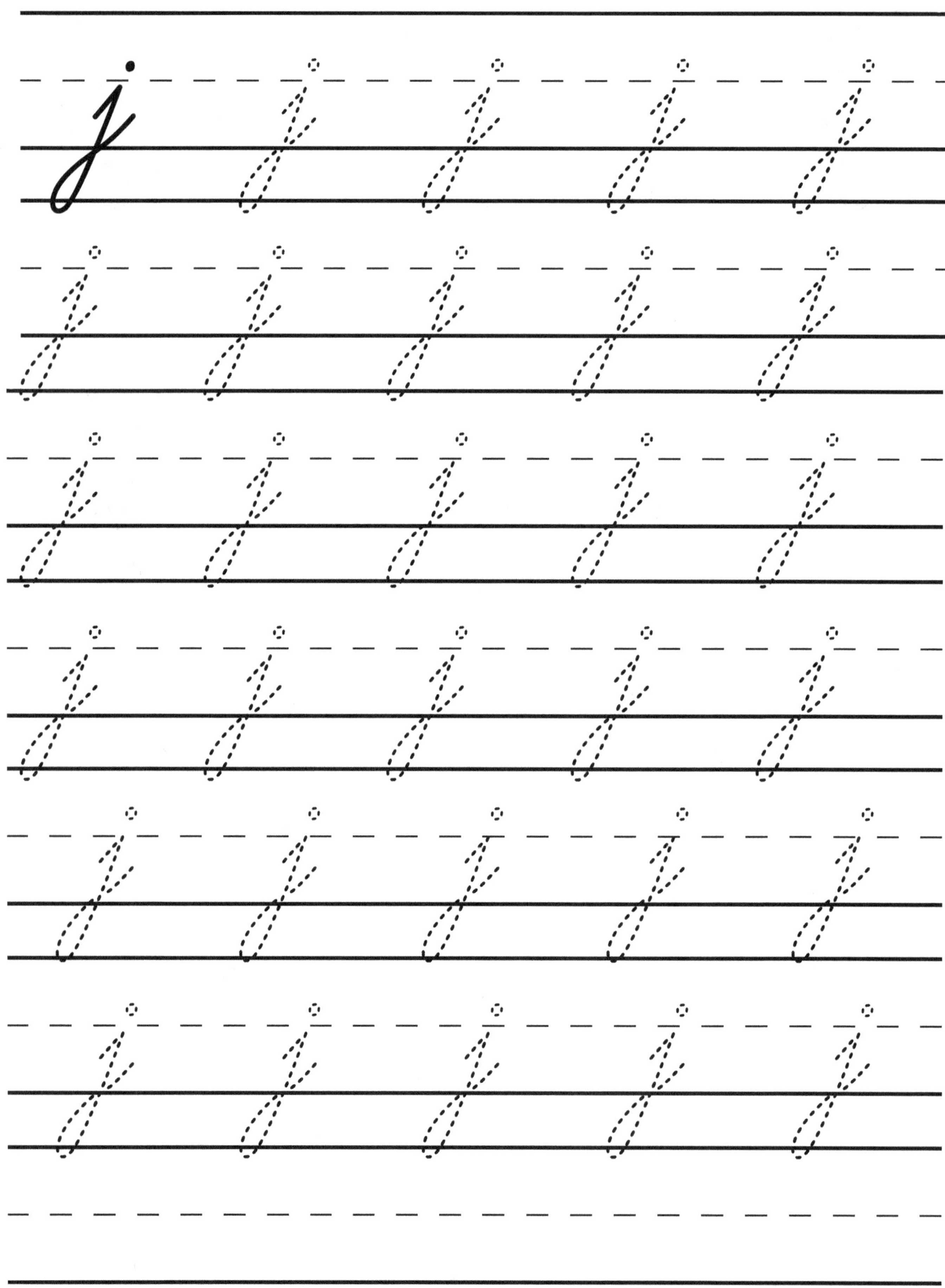

K k
K k
K is for Kite

K K K K K

K K K K K

K K K K K

K K K K K

K K K K K

K K K K K

k

L l

L l

L is for ladybug

L

l l l l l

l l l l l

l l l l l

l l l l l

l l l l l

l l l l l

M m

M m

M is for Monkey

m

m

N n

N is for Nest

n n n n n

n n n n n

n n n n n

n n n n n

n n n n n

n n n n n

n

O is for Orange

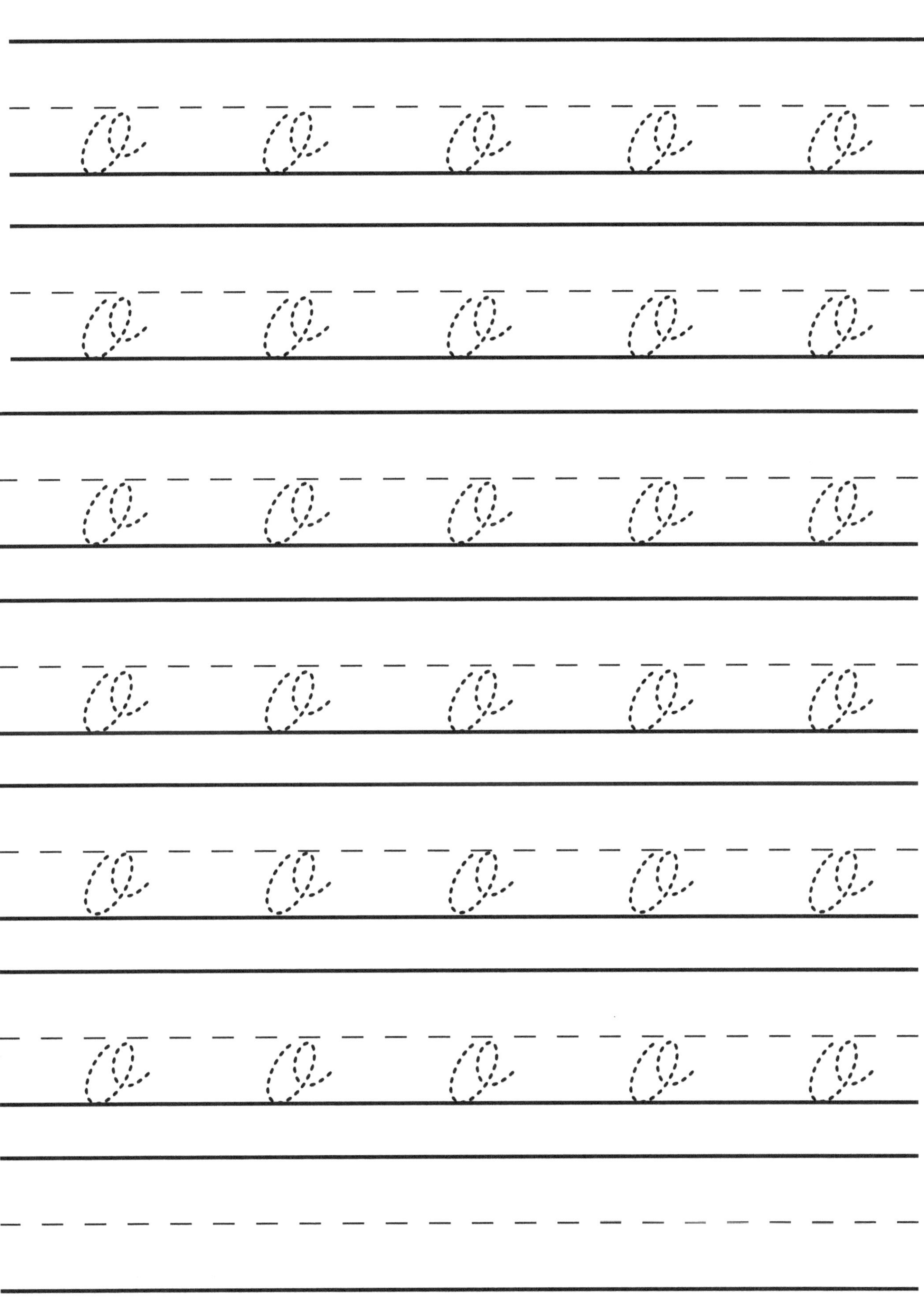

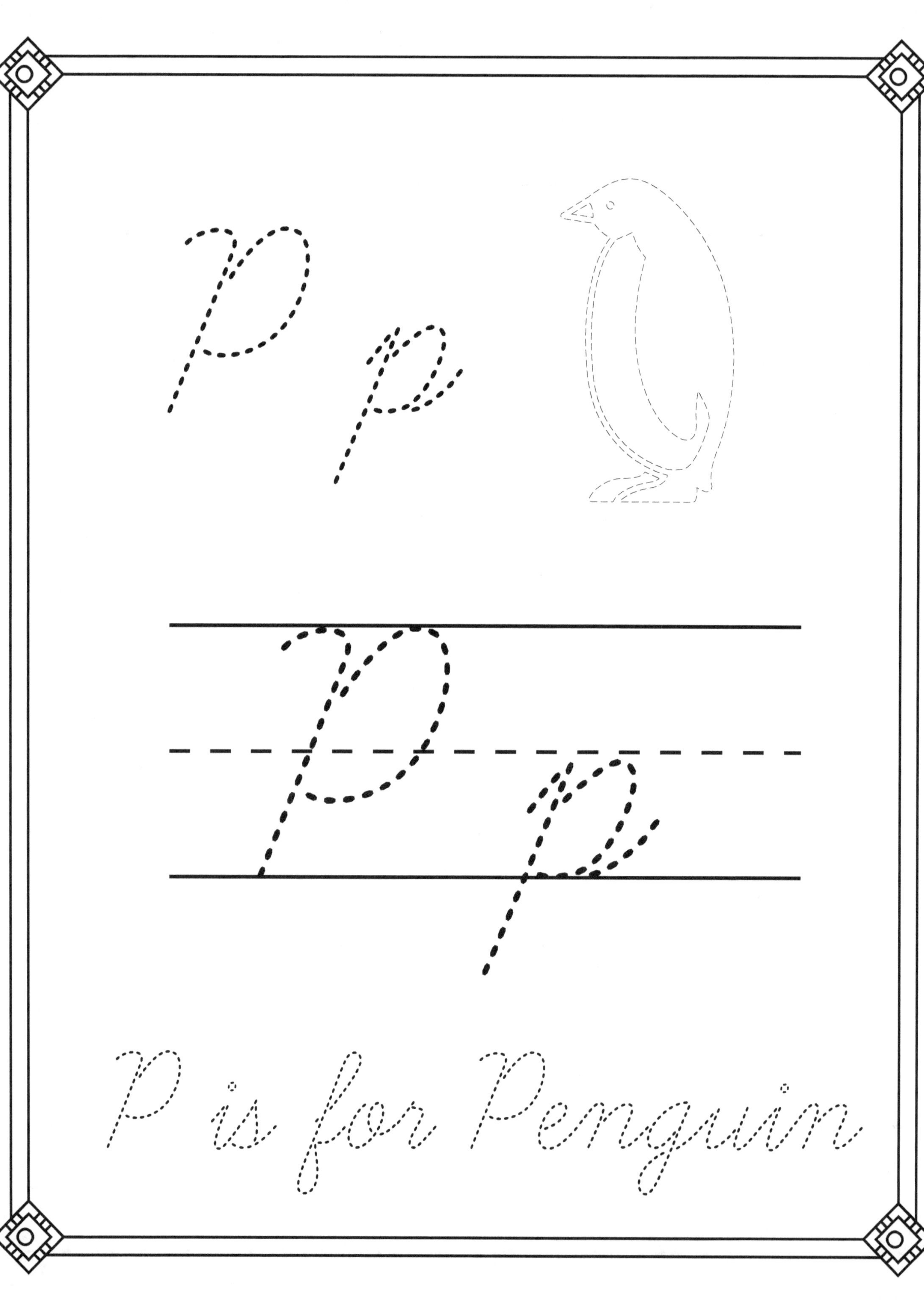
P is for Penguin

p p p p p

p p p p p

p p p p p

p p p p p

p p p p p

p p p p p

p p p p p

p p p p p

p p p p p

p p p p p

p p p p p

p p p p p

Q is for Question

Q

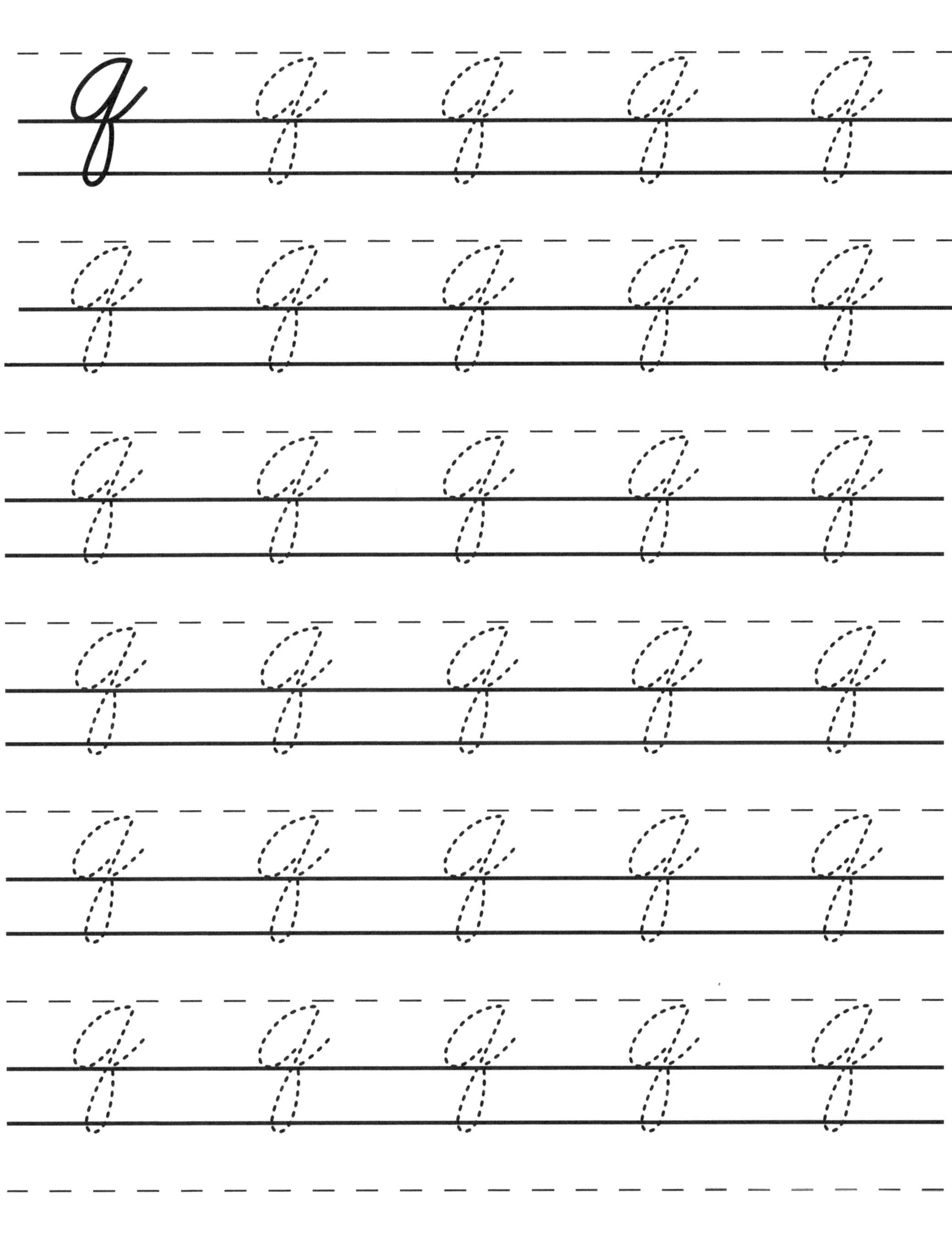

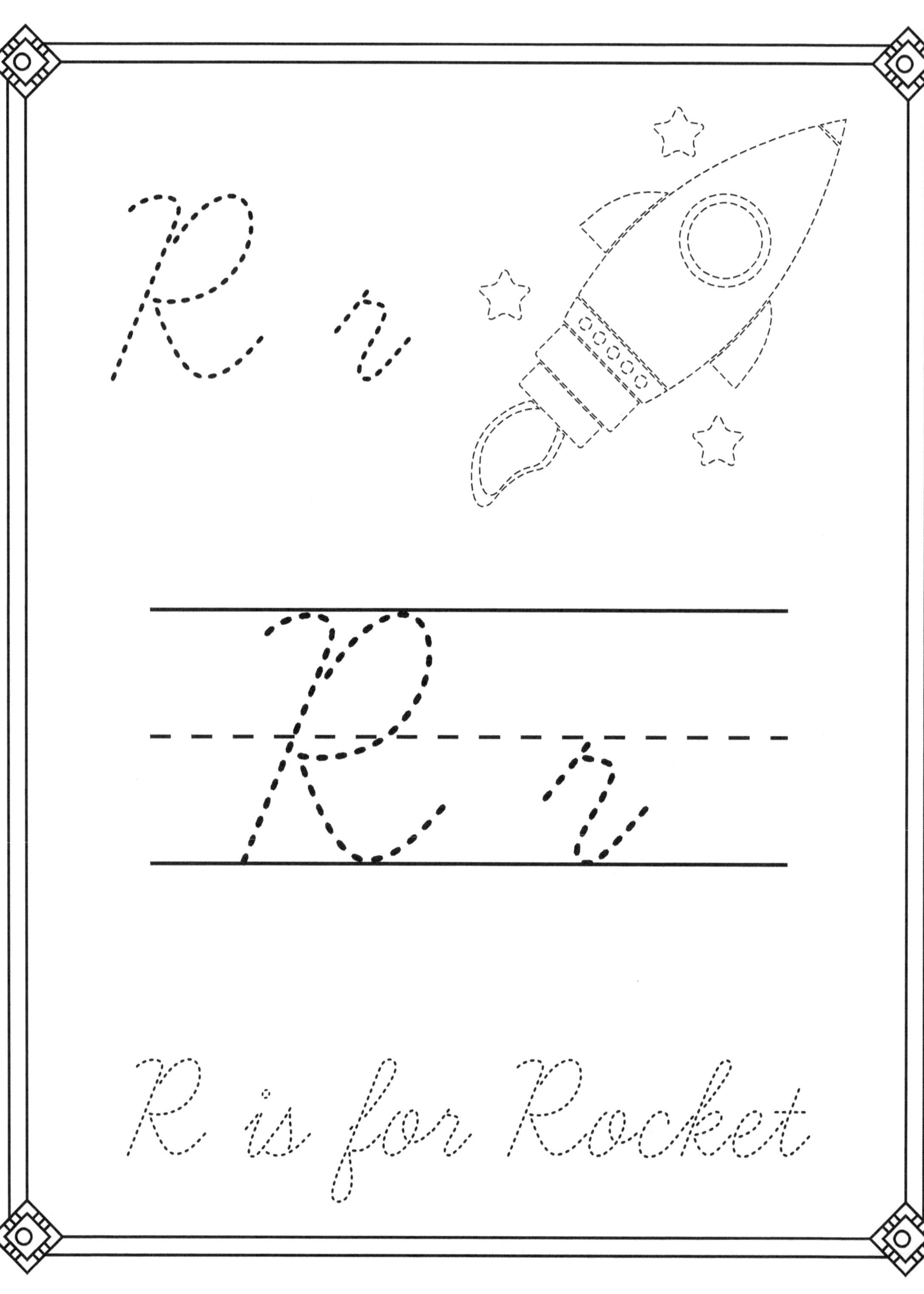

R is for Rocket

R

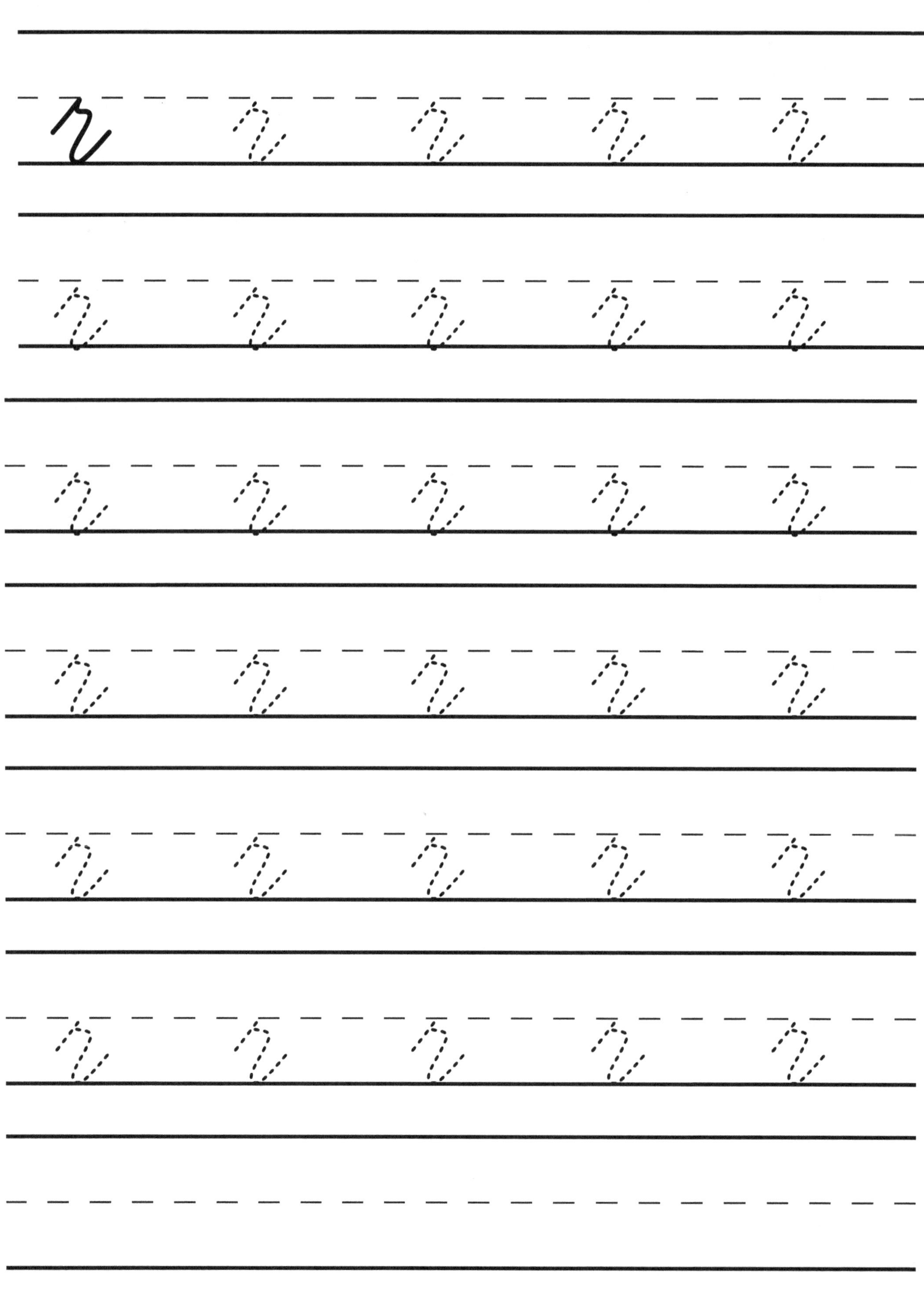

S is for sun

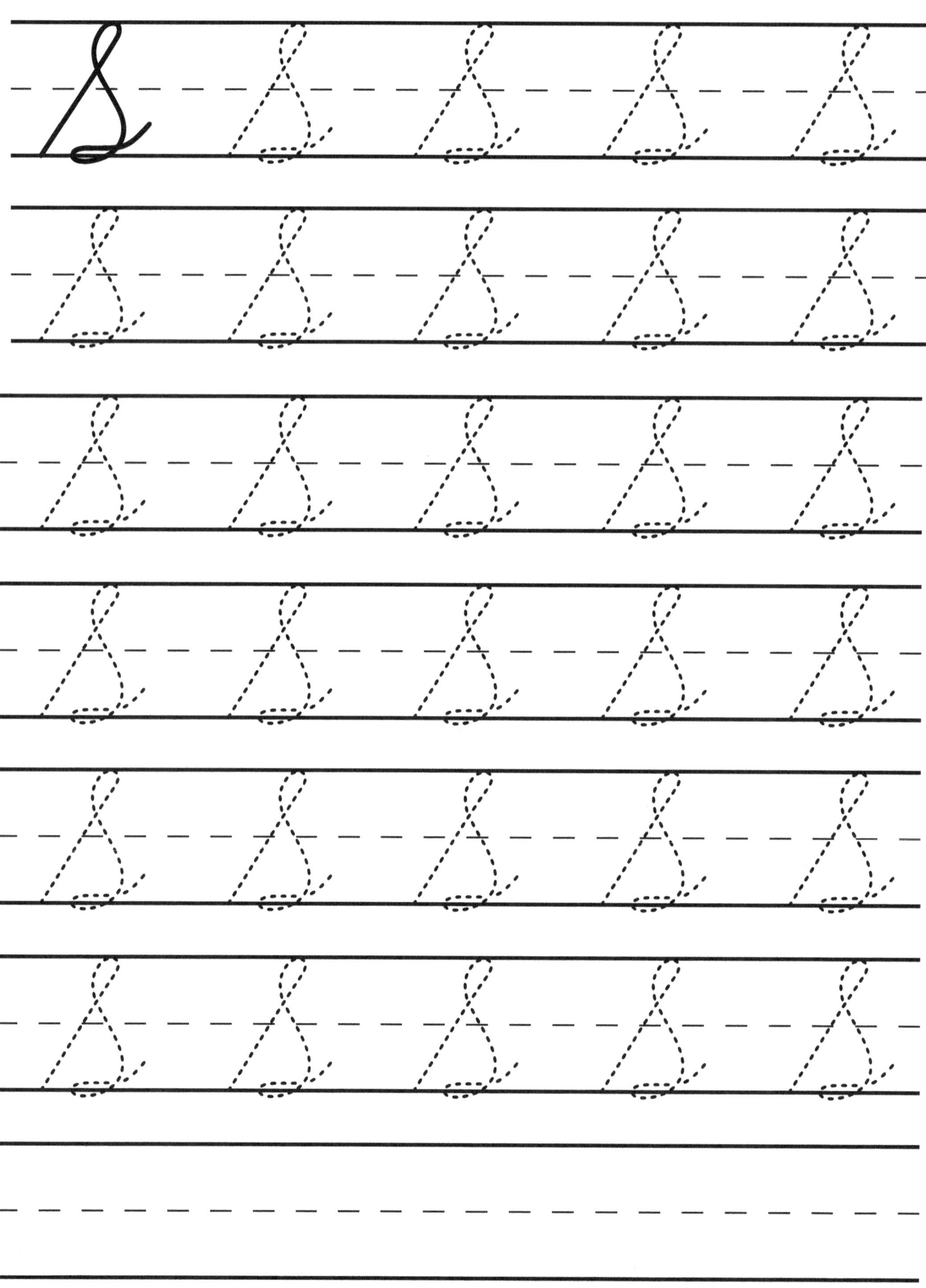

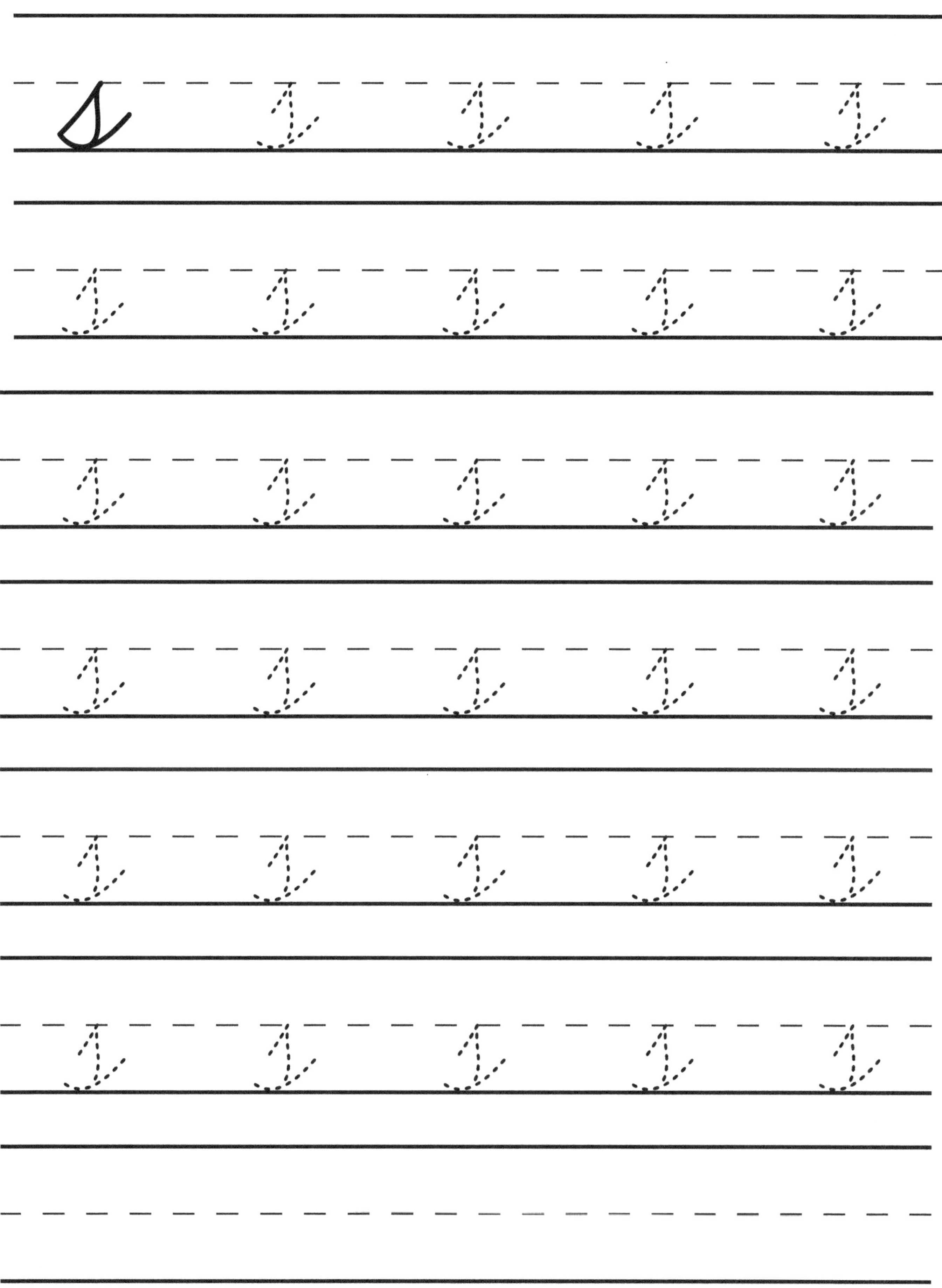

T t

T t

T is for Tree

K K K K K

K K K K K

K K K K K

K K K K K

K K K K K

K K K K K

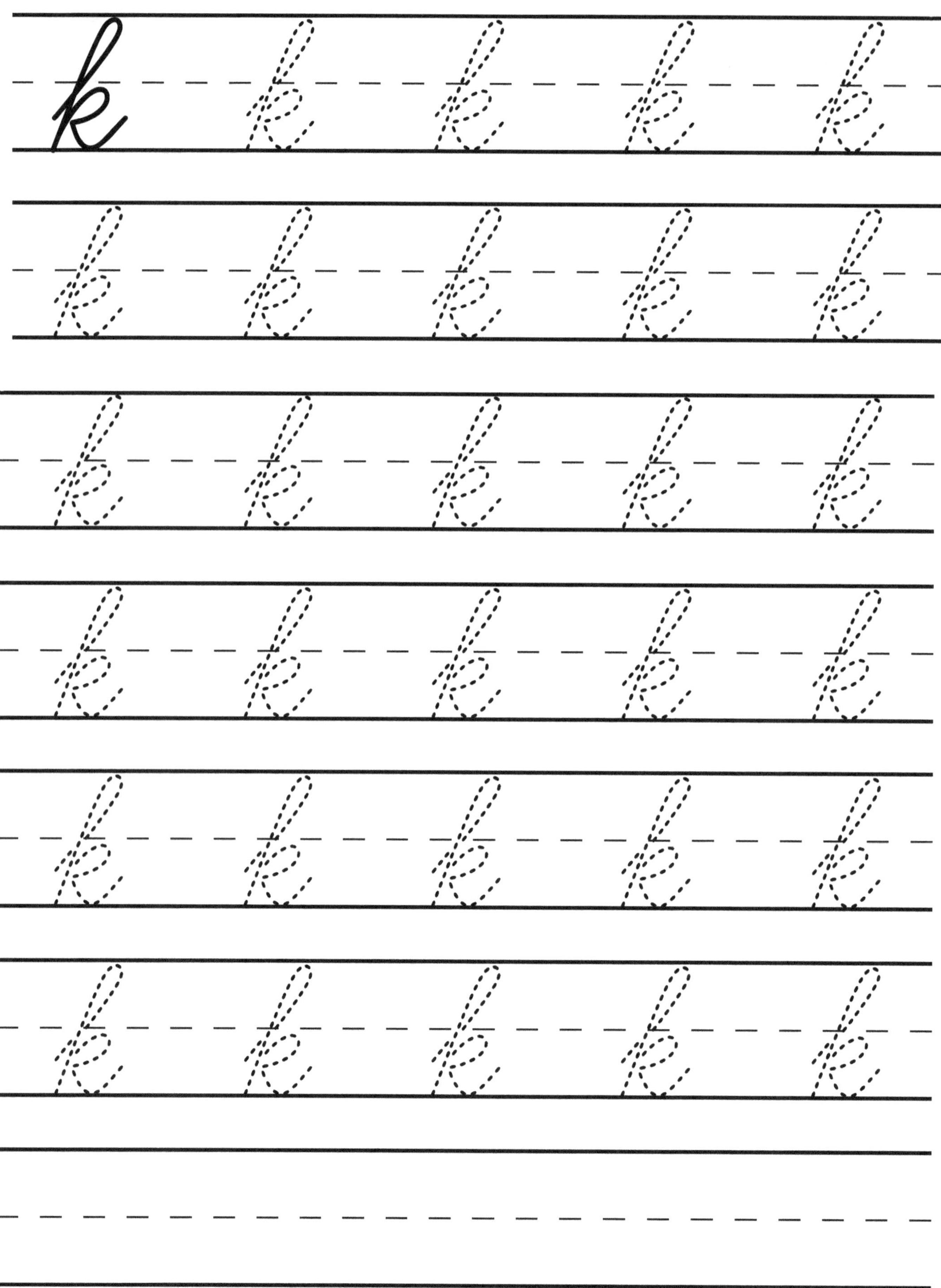

U u

U u

U is for Umbrella

𝒰

u u u u u

V v

V v

V is for Volcano

v v v v v v

v v v v v v

v v v v v v

v v v v v v

v v v v v v

v v v v v v

u u u u u

u u u u u

u u u u u

u u u u u

u u u u u

u u u u u

W w
W w
W is for Watch

U u u u u u u

u u u u u u u

u u u u u u u

u u u u u u u

u u u u u u u

u u u u u u u

Uu

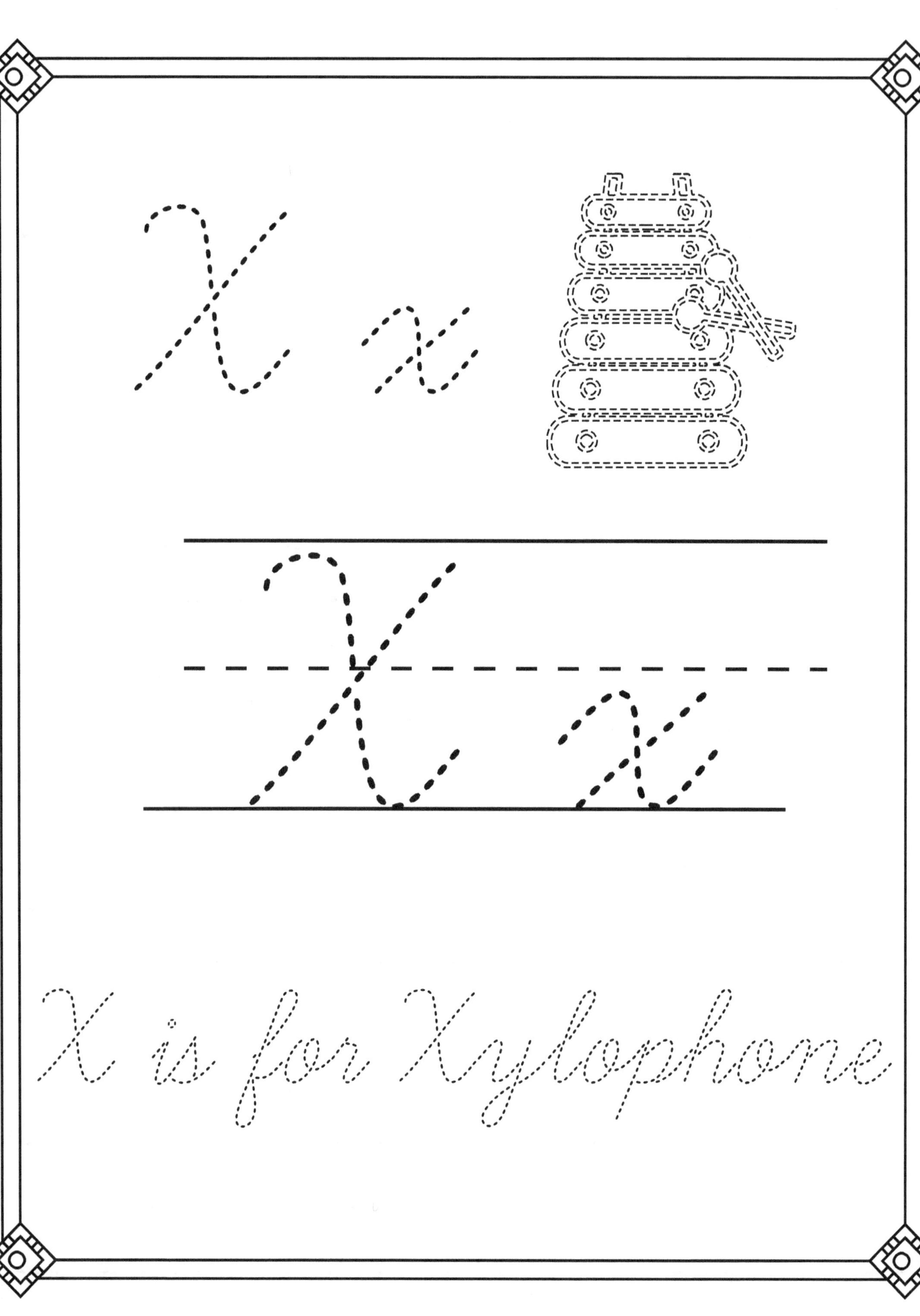

X x
X X x
X is for Xylophone

x

x

Y Y

Y Y

Y is for Yacht

Y

y

Z is for Zebra

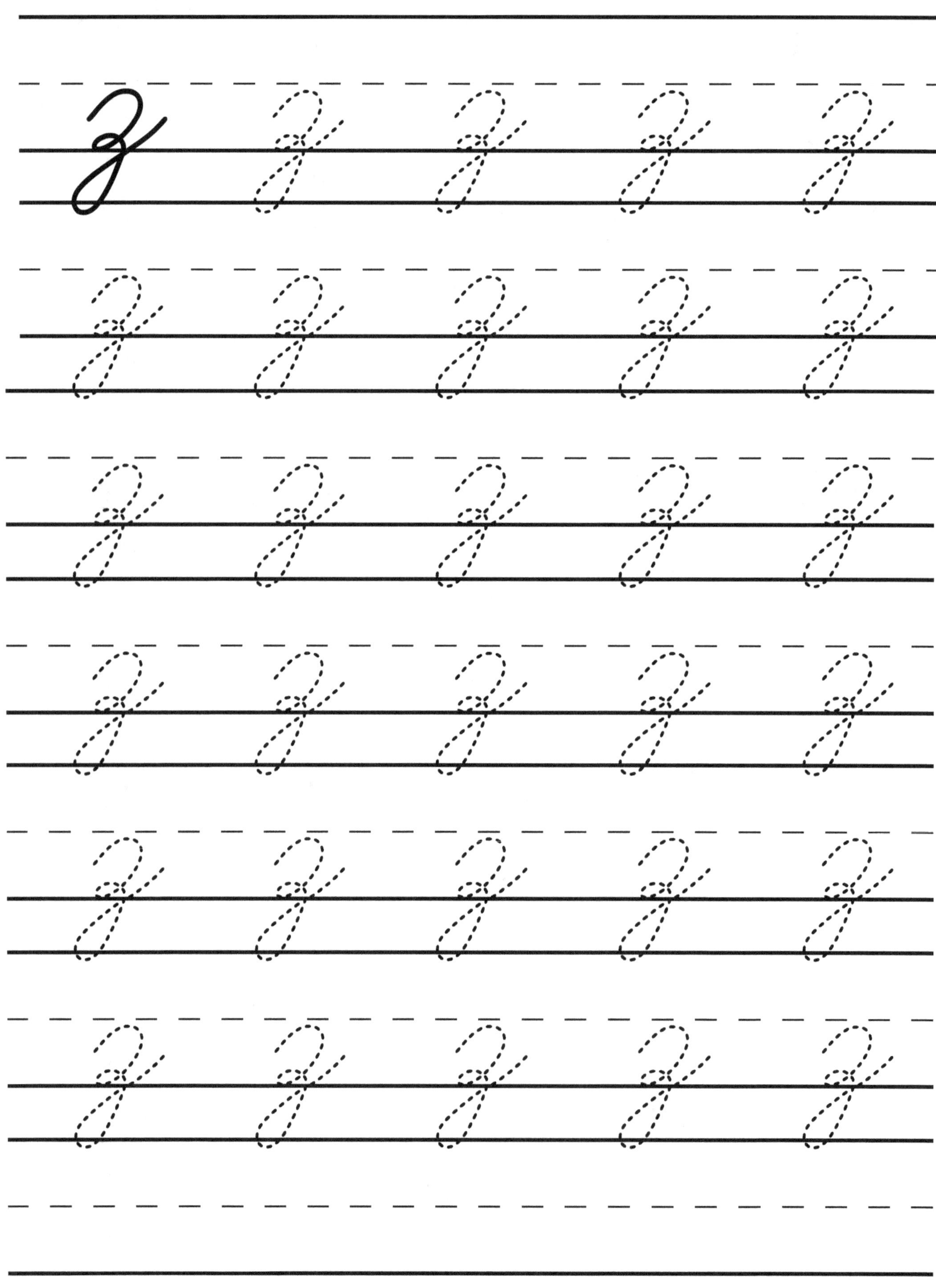

Numbers & Words

0 1 2 3 4

5 6 7 8 9

0 0 0 0 0

0 0 0 0 0

0 0 0 0 0

0 0 0 0 0

0 0 0 0 0

0 0 0 0 0

Zero Zero Zero
Zero Zero Zero
Zero Zero Zero
Zero Zero Zero
Zero Zero Zero
Zero Zero Zero

1

One One One
One One One
One One One
One One One
One One One
One One One

2

Two Two Two
Two Two Two
Two Two Two
Two Two Two
Two Two Two
Two Two Two

3

Three Three Three

Three Three Three

Three Three Three

Three Three Three

Three Three Three

Three Three Three

4 4 4 4 4

4 4 4 4 4

4 4 4 4 4

4 4 4 4 4

4 4 4 4 4

4 4 4 4 4

Four Four Four

Four Four Four

Four Four Four

Four Four Four

Four Four Four

Four Four Four

5

Five Five Five

Five Five Five

Five Five Five

Five Five Five

Five Five Five

Five Five Five

6

Six Six Six
Six Six Six
Six Six Six
Six Six Six
Six Six Six
Six Six Six

7

Benen   Benen

Benen   Benen

Benen   Benen

Benen   Benen

Benen   Benen

Benen   Benen

8 8 8 8 8

8 8 8 8 8

8 8 8 8 8

8 8 8 8 8

8 8 8 8 8

8 8 8 8 8

Eight

9

Nine Nine Nine

Nine Nine Nine

Nine Nine Nine

Nine Nine Nine

Nine Nine Nine

Nine Nine Nine

Small

Sentences

Let's start

Let's start

Let's start

Let's start

Let's start

Let's start

Good morning

Good morning

Good morning

Good morning

Good morning

Good morning

How are you?

How are you?

How are you?

How are you?

How are you?

How are you?

Good afternoon

Have a nice day

Have Fun

Have Fun

Have Fun

Have Fun

Have Fun

Have Fun

Hats off

I am smart

I am smart

I am smart

I am smart

I am smart

I am smart

I love you

I love you

I love you

I love you

I love you

I love you

I can write

I can write

I can write

I can write

I can write

I can write

Be happy

Be happy

Be happy

Be happy

Be happy

Be happy

"Quotes"

A penny saved is a penny earned

The truth is the strongest argument
The truth is the strongest argument
The truth is the strongest argument
The truth is the strongest argument
The truth is the strongest argument
The truth is the strongest argument

Try to be a rainbow in someone else's cloud

Be kind whenever possible
Be kind whenever possible
Be kind whenever possible
Be kind whenever possible
Be kind whenever possible
Be kind whenever possible

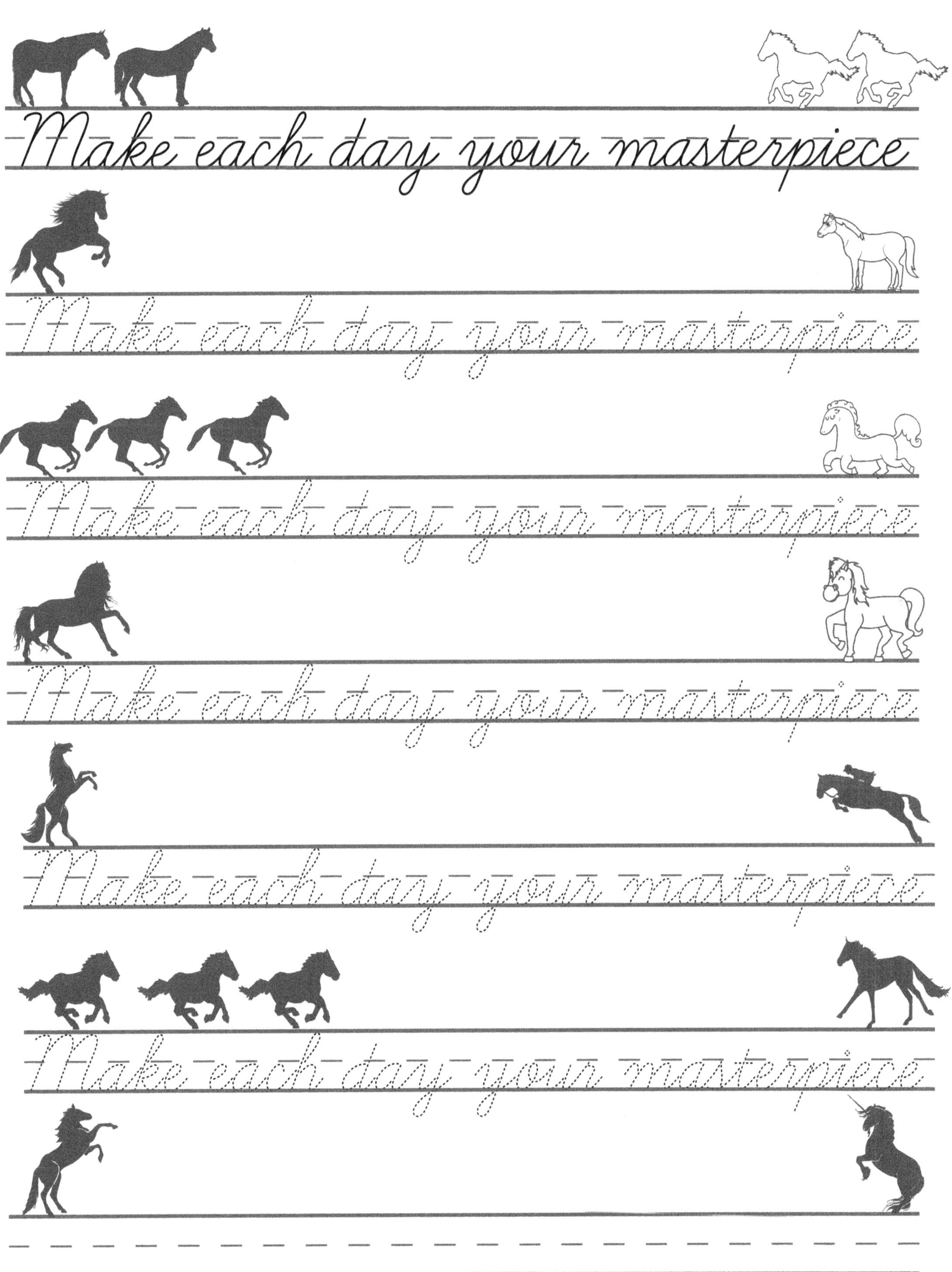

Make each day your masterpiece

Make each day your masterpiece

Make each day your masterpiece

Make each day your masterpiece

Make each day your masterpiece

Make each day your masterpiece

Honesty is the best policy
Honest is the best policy
Honest is the best policy
Honest is the best policy
Honest is the best policy
Honest is the best policy

We rise by lifting others
We rise by lifting others
We rise by lifting others
We rise by lifting others
We rise by lifting others
We rise by lifting others